Cuentos para bebés
Díselo con palabras

APULEYO EDICIONES   FOMENTO DE VALORES   CUENTOS ILUSTRADOS

Proyecto: Díselo con palabras

-Estimulación del lenguaje desde la 1º infancia-

El lenguaje oral es el instrumento de comunicación más importante para interaccionar y relacionarse de los seres humanos. El avance de la tecnología ha supuesto un cambio en la comunicación, estableciéndose otros canales más complejos para tal fin. Las familias se quejan continuamente de que sus hijos no hablan o hablan muy tarde o mal y una de las causas es la falta de estimulación de los padres del lenguaje oral de los niños, leyéndoles escasos cuentos, hablándoles poco y dejando a los medios tecnológicos (TV, videos, móviles, tablets, ordenadores) la función que antes realizaban ellos.

Con esta colección de cuentos, retahílas y canciones que puede utilizarse desde que el niño nace hasta los 18 meses (incluso más), nuestros hijos se acostumbrarán a escuchar los sonidos que luego ellos empezaran a reproducir. Los padres, madres o cuidadores no tendrán que perder más de diez minutos cada día para leerles, mientras los tienen en brazos, algunas de estas retahílas y canciones que le ayudarán al desarrollo de su lenguaje.

Sugerencias para su disfrute:

Elige un momento del día sereno donde no tengas prisas y cuente con un pequeño espacio de tiempo para sumergirte en este proyecto de estimulación de tu bebé. Cógelo en brazos, arrúllalo y bésalo en la frente, siente su piel junto a la tuya. Ahora es el momento de leerle, muy despacio y con voz serena cada una de las retahílas que te propongo (una por día). Deja trascurrir un espacio de dos o tres minutos y vuelve a leerla de nuevo. Es suficiente con dos o tres veces y es mejor la constancia que hacerlo todo de golpe, si algún día no puedes hacerlo, al día siguiente lees dos en vez de repetirlas. Contamos con 31 retahílas para cada día de la semana de un mes de lunes a domingo. Es conveniente comenzar desde bebé, pero puede iniciarse en cualquier de los meses de 0 a 18 e incluso más alla. ¡¡¡Ánimo, que tú y tu bebé os lo agradeceréis!!!

1. LAS CAMPANAS

La campana: *talán*, *talán*.
Mamá, mamá, ¿dónde estás?
A tu lado, ya verás,
dulce sueños tú tendrás.
Suena, suena *ta*, *ta*, *ta*.
Papá viene, *la*, *la*, *la*,
con la abuela, ja, ja, ja.
¡Todos juntos a soñar!

2. EL RELOJ

Papá, papá, *ti, ti, ti, ti, tac,*
un reloj dice *tic, toc;*
una vaca dice *ja, ja, ja.*
Allí lejos, *ta, ta, ta,*
vi a mamá, papá, papá,
Allí lejos, *du, du, ba.*
Ya más cerca, *ba, ba, ba,*
El reloj ya va a tocar.
Ti, ti, ti, ti, ti, ti, tac.

3. UNA COL Y UNA FLOR

Tilín, tilón dice el reloj.

Suena, suena *tic, tic, toc.*

Una col y una flor

dicen *mu, mu, mu, mu, mu, mu, mo.*

Mamá, mamá, mamá, *bo.*

Sí, sí, sí, sí, sí; no, no, no.

Dame, dame, *fu, fu, fo.*

Una col y una flor

dicen *mu, mu, mu, mu, mu, mu, mo.*

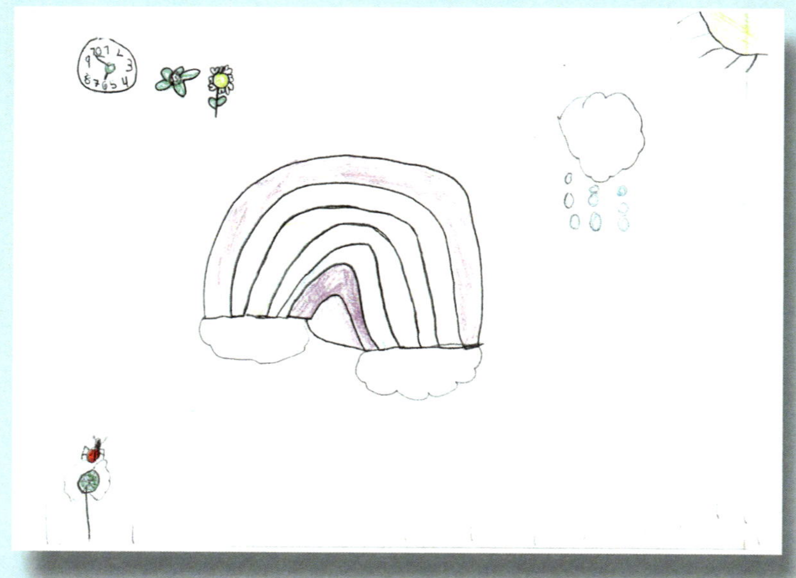

4. EL GATO

Un gato-to-to-to
dice *miau, miau, miau, miau.*
Con un gorro-ro-ro-ro,
rojo, rojo-jo-jo-jo
corre, corre-re-re-re.
No me alcanza, *je, je, je.*
Ven a mis brazos *ji, ji, ji.*
Corre, corre otra vez.

5. EL GORRIÓN

Un pájaro, *pio, pio, pio,*
en un salto está en el río, río, río.
Canta poco,
pobrecillo-llo-llo-llo.
Chico, chico
es el gorrioncito-to-to-to.

6. LA MUÑECA AZUL

Tengo, tengo, tengo

en un baúl

una muñequita-ta-ta-ta,

una muñequita azul-zu-zu-zu.

Qué bonita es, como tú, tú, tú.

7. LA CASITA DE PAPEL

Hola, hola, hola.

Hola, le digo a usted.

Vente, vente, ahora, sí, sí,

a mi casita de papel.

Te gustará, mucho mucho.

Ya me dice usted-te-te-te.

8. EL CORDERITO FELIZ

Soy un corderito, *je, je, je,*
canto y río, *je, je, je.*
Soy muy muy alegre, *je, je, je.*
Vente conmigo, sí, sí, sí.
Nos vamos a divertir, sí, sí, sí.

9. LA BURRITA CASCABEL

Suena, suena la burrita Cascabel.

Por el camino, yo me la encontré.

Salta, salta con Isabel;

es tu amiga, *je, je, je.*

Va contigo, burrita Cascabel.

10. LA PELOTA ROJA

Bota, bota la pelota-ta-ta-ta.

Bota, bota otra vez.

Vente, vente a mi casita-ta-ta-ta.

Vente, vente otra vez.

Yo te doy mi pelota-ta-ta-ta

roja, roja, roja es, se, se, se.

11. LA CUNITA DE PLATA

Cunita, cunita,
cunita de plata-ata-ata
soñaste con la luna
en un barco pirata.
Todas las estrellas
eran de plata-ata-ata.

12. EL PERRITO GUARDIÁN

Guau, gua, gua, perrito lindo.
Guau, guau, perrito guardián.
¿Dónde vas por ese caminito,
perrito lindo guardián?
Llévame a las estrellas;
contigo me llevarás.

13. LA MARGARITA DEL JARDÍN

Marga, Marga, Margarita,

Marga, Margarita del jardín,

un bichito se ha posado,

se ha posado junto a ti-ti-ti.

Dale, dale, un besito.

Qué feliz, qué feliz.

14. LA RUEDA

Run, run, rueda, rueda.

Rueda, rueda sin cesar.

Dale, dale fuerte, fuerte.

Dale fuerte sin cesar, *ja, ja, ja.*

Run, run, rueda, rueda.

Rueda, rueda sin cesar.

15. MI ABUELITA ELVIRITA

Abu, abu, abuelita.
Dime, dime, *la, la, la.*
Canta, canta, abuelita.
Elvirita-ta-ta-ta
tiene un gato chiquitito,
zape, zape, *ja, ja, ja.*

16. EL BARQUITO

Fu, fu, sopla el viento.
Fu, fu, por el mar,
el barquito solitario
navegando, va, va, va.
Yo me subo despacito,
con cuidado, con el mar.
Alza velas, marinero,
que vamos a zarpar *ja, ja, ja*.

17. LA MARIPOSA DE COLORES

Mari-mari-mariposa,

¿dónde vas tú tan hermosa?

Abre, abre tus alitas.

Abre, abre tú solita.

Qué bonitos tus colores,

tan bonito como las flores.

18. LAS NIÑAS EN LA CALLE

Niñas, niñas, *ji, ji, ji,*

a la calle quiero salir.

Salta, salta para mí.

Corre, corre; qué feliz.

Niñas, niñas, *ji, ji, ji,*

a la calle quiero salir.

19. LA BICICLETA VIEJA

Bici-bici-bicicleta,

corre, corre, majareta.

Vete, vete por la acera.

Mira, mira que eres vieja.

Vieja, vieja y divertida

bici-bici-bicicleta.

20. EL CONEJITO SALTARÍN

Conejito, conejito,
salta, salta sin parar,
una niña chiquitita
quiere verte suspirar.
Vaya, vaya, conejito,
¿a dónde vas a saltar?
Ya estas cerca de las nubes,
¿a dónde vas a llegar?

21. LA NIÑA LOLITA

Solita, solita,
la niña Lolita
buscando a su mami
va por la callejita.
Un gato se encuentra,
lo mira Lolita.
"Vente, vente conmigo
a buscar a mamita".

Lo toma en sus brazos.
Ya no está solita,
su mami aparece
por la esquinita.
"Mami, mami, ma, ma, ma".
Lolita, Lolita solita ya no está.
No está-tá-tá-tá.

22. PAPÁ IGNACIO

Pa-pa-pa-pa-papaíto, ven acá,
tengo algo que enseñarte.
Vente, vente y lo verás, *ja, ja, ja.*
Un barco grande grande
en el puerto está,
viene cargado de flores
y va a embarcar, *ja, ja, ja.*
Cojamos muchas muchas
muchas para mamá.
Ella adora las plantas
y feliz estará, *ja, ja, ja.*

23. LA CASA ENCANTADA

Esta casita que veo allí-lli-lli-lli
con luces suaves, su, su, su,
y su jardín, *ji, ji, ji,*
está encantada, *ja, ja, ja.*
Vive un arlequín, *ji, ji, ji,*
con traje de colores re, re, ri.
Él vive allí-lli-lli-lli.
Mandémosle un saludo
desde aquí, *ji, ji, ji.*

24. FLORES ROJAS

Traigo flores, mamá-má-má-má.

Son para ti-ti-ti-ti.

Flores muy rojas-jas-jas-jas

de mi jardín, *ji, ji, ji.*

Una abejita, *ji, ji, ji,*

se posó allí, *ji, ji, ji,*

Olio su néctar

y se vino aquí, *ji, ji, ji.*

25. EL COLUMPIO VOLADOR

Vuela, vuela, vuela alto-to-to-to,
ven hacia mí,
dame fuerte-te-te-te,
al cielo quiero subir, *ji, ji, ji.*
Una hormiga
subió aquí.
Vente, amiga, *ja, ja, ja.*
Acercate a mí.
Vuela alto-to-to-to,
al cielo quiero subir, *ji, ji, ji.*

26. EL CAMPITO VERDE

Mi campito no está aquí, ti, ti, ti.
Está muy lejos,
muy lejos de aquí.
Coge el coche, *rum, rum, rum,*
vamos hacia allí, *ji, ji, ji.*
Al campito verde queremos ir
y todos lo animales
nos van a recibir, sí, sí, sí.
Qué contento que estoy
con llegar allí, sí, sí, sí.

27. EL RATONCITO MOLÓN

Tolón, tolón, hace el ratoncito, *ji, ji, ji.*

Qué molón, *jo, jo, jo.*

Con su pancita, *ji, ji, ji*

me haces sonreír. *Ji, ji, ji.*

No te muevas, chiquitín-tín-tín-tín,

que vengo yo por ti, *ji, ji, ji.*

Yo contigo soy muy feliz, sí, sí, sí.

28. LA LUNA SOÑADORA

Sueña la luna, *la, la, la,*
con su casa-sa-sa-sa.
Está tan alta, *la, la, la,*
que escalera cogerá, *ja, ja, ja.*
Y las estrellas reirán, *ja, ja, ja,*
viendo a la luna soñar
subir tan alto-to-to-to.
¿La alcazarán? Ah, ah, ah.
Son tan listas, sí, sí, sí,
que lo harán, *ja, ja, ja.*
Ya verás, *ja, ja, ja.*

29. ELEFANTE FELIZ

Un elefante glotón-tón-tón-tón
estaba cantando,
cantando en su balcón, *jo, jo, jo.*
Lo vio la luna-na-na-na
y se eanmoró *jo, jo, jo.*
"Toma, elefantito-to-to-to
para ti, esta flor
te la entrego con amor, *jo, jo, jo*".
"Otro día que venga yo, yo, yo,
traigo un pastel
en mi corazón, *jo, jo, jo*".

30. DULCE BEBÉ

Miro la carita
de mi bebé-bé-bé-bé;
sueva y tierna
su piel es, se, se, se.
Toco sus manos, sí, sí, sí,
del derecho y del revés.
Siento su aliento.
Qué lindo es.
Miro sus ojos,
dulce como la miel,
y su boquita es un cascabel, *le, le, le.*

31. MUNDO AL REVÉS

Querido..., hola, le digo a usted.

Vengo a contarle

al mundo al revés, *je, je, je.*

No hay guerra ni odios,

pobreza, enemigos, ni nadie sin fé.

Un mundo de paz,

y de amor también.

Querido, querido,

cuando crezca usted,

ojalá tengamos un mundo al revés.

APULEYO
EDICIONES

Dra. María Cinta Aguaded Gómez

APULEYO EDICIONES   FOMENTO DE VALORES   CUENTOS ILUSTRADOS